DOCUMENS

INSTRUCTIFS, CURIEUX ET PEU CONNUS,

SUR

L'HISTOIRE ET LES RÉVOLUTIONS

d'Alger,

DEPUIS 427 JUSQU'A L'ÉPOQUE ACTUELLE.

PRÉCÉDÉS D'UNE ESQUISSE

SUR LA SITUATION DE CETTE CONTRÉE, LES MŒURS, LES HABITUDES, LE COMMERCE, LA RELIGION, etc.

PAR A. G.

PARIS,

IMPRIMERIE-LIBRAIRIE DE G.-A. DENTU,

Palais-Royal, galerie vitrée, nº 13,

ET RUE DES BEAUX-ARTS, Nᵒˢ 3 ET 5.

1838.

Il a déjà paru tant d'ouvrages sur ce pays,
qu'il est presque inutile de répéter qu'il cons-
titue la plus belle et la plus fertile partie des
États barbaresques, sans même en excepter le
beau royaume de Tunis, qui formait jadis la ré-
publique de Carthage, dont les importantes provinces de Bougie et de Constantine furent dé-
tachées et font aujourd'hui partie du territoire
algérien; que ce royaume est borné au nord par
la Méditerranée, au midi par l'Atlas, à l'est
par le royaume de Tunis, et à l'ouest par la ri-
vière Malvia, qui le sépare de l'empire de Maroc; qu'en général le climat est si beau que tout
le pays semble jouir d'une verdure perpétuelle:
cela s'entend toutefois des parties qui sont à

vingt-cinq ou trente lieues de la mer, et où l'on n'éprouve jamais ni froids ni chaleurs excessifs.

Cette contrée, en général, est assez bien peuplée et cultivée, excepté dans certaines parties de l'Atlas, qui servent de repaires à un grand nombre d'animaux féroces et sauvages, tels que lions, tigres, léopards, buffles, sangliers, cerfs, porc-épics, singes, autruches, etc. Les naturels font à ces animaux des chasses fructueuses pour l'industrie et l'exportation. Les principales villes des dix-huit provinces qui, avant la conquête, composaient la régence, sont : 1° Alger, où nous sommes établis, ville assez connue par les relations que l'on en a déjà donné ; 2° Bone, jadis la capitale de la province de ce nom, que l'on suppose être l'ancien Hypone, bâtie par les Romains ; 3° Constantine, dont notre armée s'est emparée avec tant de bravoure, jadis la Certa-Numidia des Romains, qui reçut son nom de Constantine, fille du grand Constantin, qui la reconstruisit avec magnificence. Cette ville est située sur une péninsule d'un abord très-difficile, excepté du côté du sud-ouest ; elle est à dix-huit lieues de la mer, et très-bien fortifiée. Là est le fameux aquéduc souterrain et la cascade où l'on jette les criminels, qui sont aussitôt engloutis et pulvérisés sur d'effrayans rochers.

4° Oran, la place la mieux fortifiée de la régence après Alger; 5° Tlemecen, à dix lieues de la mer; 6° Mostaganem, bâtie en amphithéâtre sur la mer Ténézem, etc.

On verra, par l'histoire de ce peuple, qu'il est un mélange de Maures, de Mauresques venus d'Espagne, d'Arabes, de Levantins, de Turcs, de Juifs et d'esclaves chrétiens de toutes les nations; mais les plus nombreux sont les Maures et les Arabes. Les Maures sont divisés en deux ordres, savoir : ceux qui vivent dans les villes et se livrent à la piraterie ou à d'autres industries sur terre et sur mer, et ceux qui sont nomades et ne possèdent ni maisons, ni terres, ni richesses. Les premiers sont les véritables citoyens du royaume; les autres ne sont qu'un fardeau pour les habitans.

Ceux qui mènent une vie errante sont divisés en différentes tribus; chacune compose un village ambulant, et chaque famille demeure dans une cabane portative. Ils vivent des produits de la terre, qu'ils afferment aux habitans de la classe supérieure; ils paient en nature les fermages à leurs propriétaires, ainsi qu'un impôt au dey, d'après le nombre des familles de chaque village ou plutôt de chaque camp. Leurs tentes sont misérables, leurs outils ont peu de valeur; ils sont pauvres, et vivent en général peu soigneux d'eux-mêmes. La famille et les animaux domestiques habitent ensemble dans la même cabane, à l'exception des chiens, qu'ils font coucher dehors pour leur servir de sentinelles. Ils se nourrissent de pain, de fruits, et boivent de l'eau. Leur principale occupation est de labourer la terre ou d'élever des abeilles et des vers à soie.

En raison de leur vie errante et sobre, ils sont très-robustes, ont le teint basané ; les hommes sont actifs, les femmes fécondes, et les enfans jouissent d'une bonne santé. Les Maures ont des dispositions à être de bons guerriers ; ils sont excellens cavaliers, et donnent souvent beaucoup de tourmens et d'embarras au gouvernement. Ils étaient autrefois armés d'une courte lance et d'un cimeterre ou large sabre ; mais aujourd'hui ils ont presque tous des fusils ou des carabines. Comme il y a beaucoup de voleurs parmi eux, il est dangereux de voyager sans être accompagné d'un marabout ; ils ont un si grand respect pour ces prêtres, qu'avec cette escorte il n'y a aucun danger d'être pillé.

Les Arabes d'Alger sont de même divisés en tribus, et mènent aussi une vie errante ; ils professent la même religion, et suivent les usages des habitans de l'Arabie.

Avant les sévères châtimens qu'ils reçurent des nations chrétiennes, et surtout des Français et des Anglais, la plus grande partie des Algériens étaient les plus cruels et les plus dangereux pirates de toute l'Afrique. Ils étaient vils, perfides et rapaces au dernier degré; de telle sorte qu'aucun serment, lien divin ou humain, ne pouvait les enchaîner toutes les fois que leur intérêt s'y trouvait opposé; et malgré leur prétendu respect et vénération pour le grand prophète Mahomet, leur première idole était l'or et les richesses. Depuis un demi-siècle environ, ils sont plus policés, et ces vices sont devenus plus rares, du moins en apparence, surtout parmi les hautes classes.

L'amour joue un grand rôle chez ce peuple, en ce qu'on accorde généralement aux femmes plus de liberté dans toute la Barbarie que dans le Levant; et les femmes de l'Algérie surtout sont moins séquestrées que celles des autres parties de l'Afrique. Le beau sexe y est beaucoup plus disposé à la galanterie qu'à Constantinople même; le climat lui inspire de la tendresse, et l'air vif et demi-brûlant qu'il respire fait naître dans son cœur une flamme que rien ne peut éteindre. Une femme algérienne bravera toute espèce de danger et courra toute chance pour satisfaire sa passion ; rien ne peut l'intimider, pas même la mort. On connaît la loi qui condamne toute musulmane, convaincue d'intimité avec un chrétien, à être jetée dans la mer, la tête attachée dans un sac, si son amant hésite à abjurer sa religion et à se faire mahométan ; et malgré cette sévère punition, dont on voyait jadis de fréquens exemples, les femmes et les filles n'en conservaient pas moins une violente passion pour les chrétiens. Le peu d'affection qu'elles portent à leur mari, et la contrainte continuelle dans laquelle elles se trouvent, les excitent à rompre les liens du mariage ; et ce qui fortifie encore cette disposition, c'est l'indolence et l'ennui dans lesquels elles passent leur temps ; de manière qu'elles n'ont pour ainsi dire qu'à s'occuper des moyens et des ruses qu'elles emploieront pour tromper leurs tyrans. Depuis que les Français sont maîtres d'Alger, elles ont beaucoup dissimulé leurs passions ; l'idée de voir leur pays occupé par des étrangers les rend plus circonspectes et plus prudentes, et éloigne de leur esprit les pensées d'intrigue.

En temps ordinaire, l'artifice et l'amour inventent en ce pays un langage inconnu. Par exemple, un esclave qui est amoureux, fera comprendre à sa maîtresse, les impulsions de son cœur par la manière dont il disposera un parterre ; un bouquet fait de telle ou telle manière renferme autant d'idées tendres et passionnées qu'on pourrait en enfermer dans une longue lettre ; un brin de muguet, placé à côté d'une violette, signifie que l'amant espère qu'immédiatement après le départ du mari il se dédommagera de tous les maux que sa présence lui a fait endurer ; une fleur d'oranger dénote l'espérance, une pensée le désespoir, une amaranthe prouve la constance, la tulipe est un reproche au manque de foi, et par la rose on fait l'éloge de la beauté.

Ainsi on peut former un langage parfait de ces différens attributs assignés à chaque fleur. Si donc un amant désire faire connaître à sa maîtresse qu'il ne peut résister aux tourmens qu'il éprouve, ou s'il s'imagine qu'il ne retrouvera plus le bonheur dont il a déjà joui en l'absence de son rival, alors il lui fera voir un bouquet composé de muguet, de violette, de pensée, de fleur d'oranger : l'esclave trouve toujours facilement l'occasion de communiquer à sa maîtresse cette espèce de billet doux, en le mettant en quelque endroit secret du jardin qui n'est connu que d'elle. Les réponses se font de la même manière. Il n'y a réellement que l'amour sous le séquestre qui puisse inventer des moyens aussi ingénieux pour tromper la surveillance des jaloux.

Voici quelle était la forme du gouvernement avant notre invasion. Après le dey, créé par la milice, l'officier le plus éminent était l'aga des janissaires ; il n'occupait autrefois son poste que pendant deux mois ; l'Etat lui faisait une pension viagère. Les autres officiers qui avaient de l'importance étaient le secrétaire d'Etat, vingt-quatre pachas ou colonels subordonnés à l'aga, huit cents sous-pachas ou premiers capitaines, et quatre cents pachalites en sous-ordre ou lieutenans. Dans tous ces postes, le droit d'ancienneté était scrupuleusement respecté, et une seule déviation sur ce point si important eût pu amener une révolte parmi la soldatesque, et faire perdre au dey sa puissance et la vie. Indépendamment de tous ces fonctionnaires, il y avait des fournisseurs de l'armée, la garde du dey, et les officiers des troupes turques, distincts des autres.

La langue est un composé d'arabe, de mauresque et de l'ancien idiôme des Phéniciens, mais tous les actes publics sont écrits en langue turque, et le plus grand nombre des Algériens comprennent un peu le latin.

Le peuple, en général, est fort adonné à la

piraterie ; cependant ils admettent une quantité de chrétiens, de juifs, d'Arabes et des Maures au commerce du pays, qui consiste principalement en soies, laines, cotons, cuirs, tapis, etc... Les objets d'importation sont l'or, les étoffes d'argent et damassées, des draps, des épices, de l'étain, du fer, du cuivre, du plomb, du vif-argent, du linge, des cordages, du riz, de l'alun, de la cochenille, du sucre, du savon, du coton, du bois de teinture, de l'arsenic, du vermillon, du soufre, des anis, de la salsepareille, du papier, des fruits secs, etc., etc. Les objets d'exportation sont des plumes d'autruche, de la cire, des peaux de lion, de tigre, de léopard, des laines du pays, du cuivre, des couvertures, des étoffes de soie, des mouchoirs brodés, des dattes, et autrefois des esclaves chrétiens qui recouvraient leur liberté moyennant une forte rançon.

La religion est le mahométisme, et les principaux officiers qui président aux affaires ecclésiastiques sont le muphti ou le grand-prêtre, le cadi ou le juge ecclésiastique et le grand marabout ou supérieur de l'ordre des moines. Les Algériens, en général, sont très-superstitieux, et les marabouts, en toute occasion, mettent à profit leur faiblesse, et s'enrichissent aux dépens du peuple.

Les Turcs Algériens s'habillent avec la même élégance que les habitans de la Turquie, qu'ils cherchent à imiter en tout; les chrétiens s'habillent à la mode de leur pays, les shérifs ou ceux qui prétendent descendre de Mahomet, se distinguent par le turban vert, et les autres Algériens de la classe ordinaire ou inférieure s'habillent à peu près de même. On ne connaissait pas précisément les revenus du dey ou chef de l'Etat, parce qu'ils étaient souvent perçus à l'aide de moyens violens, et dépendaient plus ou moins de la réussite à faire rentrer les taxes; mais la justice, en général, est vénale, et la corruption est si grande, qu'on ne la considère même pas comme un vice.

Les supplices que l'on infligeait jadis aux criminels étaient affreux et faisaient frémir l'humanité. La civilisation, qui depuis plusieurs années s'est introduite partout, même chez les Turcs, les a beaucoup modérés. Cependant on voit encore de temps en temps de grands exemples de férocité dans les exécutions; les rebelles et les traîtres étaient étranglés et pendus à un croc de fer; les plus légères offenses étaient et sont encore punies par la prison, la dégradation ou la bastonnade; les femmes surprises en adultère étaient attachées par le cou à un poteau, et te-

nues sous l'eau jusqu'à ce qu'elles fussent suffo-
quées; mais la punition la plus terrible était celle
que l'on infligeait aux chrétiens et aux juifs pour
divers délits: ainsi ceux qui médisaient de Mahomet devaient se faire immédiatement mahométans, sinon on les empalait. Celui qui, après
avoir embrassé le mahométisme, rentrait dans le
sein de la religion chrétienne, était brûlé vif ou
jeté du haut des murs de la ville et lancé sur
d'effroyables pointes de fer sur lesquelles la vic-
time restait quelquefois suspendue un jour ou
deux avant d'expirer. Pour avoir suscité une révolte ou avoir tué un Turc, on était empalé ou
brûlé; les chrétiens qui jadis cherchaient à s'é-
chapper de l'esclavage étaient punis de la manière la plus atroce : on les attachait à une double
potence, d'un côté par une main, et de l'autre
par un pied, et on les laissait dans cette position
jusqu'à ce que la mort vînt mettre un terme à
leur horrible souffrance. Les personnes de distinction qui commettaient un crime contre l'Etat
étaient sciées entre deux planches. Toutes ces lois
de sang n'ont été abrogées par aucun firman du
chef de l'Etat; il dépend encore de la volonté
des juges de les appliquer; mais la décapitation
et la dégringolade sur les rochers sont actuelle-

ment les supplices qu'on inflige le plus souvent aux grands criminels.

Les dames algériennes mènent une vie indolente ; leurs principales occupations consistent à faire leur toilette, à s'étendre nonchalamment sur leurs sophas, à prendre des bains, à causer de choses légères et insignifiantes, à visiter les tombeaux de leurs parens et à se promener dans les jardins. Les hommes opulens passent la plus grande partie de leur temps à causer avec les femmes dans les jardins, à boire du café, à fumer ; la loi autorise les Algériens à avoir autant de femmes qu'il leur plaît ; cependant ils se contentent ordinairement de deux ou trois au plus. Il est très-rare qu'ils les voient avant leur mariage ; ils s'en font seulement tracer un portrait par d'autres femmes, qui jouent le rôle d'intermédiaires et en font métier. Quand le mariage est convenu, le futur envoie à sa fiancée les fruits et les sucreries les plus recherchés ; il donne une fête magnifique à tous les parens et amis ; la musique y joue le rôle principal. Le jour de la célébration l'épouse est conduite, richement habillée, dans une chaise à porteurs, à la résidence de son prétendu ; le mariage est célébré, les fêtes et les amusemens recommencent.

Les riches sont inhumés couverts de leurs plus beaux habits. Le deuil est porté par les deux sexes; il ne dure que quelques jours, pendant lesquels les femmes restent voilées, les hommes laissent croître leur barbe. Trois jours après l'enterrement, les plus proches parens vont visiter la tombe, distribuent des aumônes aux pauvres et défendent d'allumer du feu dans les maisons. Les classes aisées ont comme nous des épitaphes qui décorent leurs tombes; elles sont en harmonie avec les chapitres du Coran, et, comme chez nous, elles adressent aux morts des complimens sur des vertus qu'ils n'ont jamais eues.

Les troupes de terre sont un mélange de Turcs, de Maures, d'Arabes, de Coulouglis, et sont plus ou moins nombreuses, selon le danger et le besoin du pays. En général, dans toutes les parties du territoire soumises au dey ou au chef, ils cachent autant que possible leurs forces, et cherchent toujours à faire supposer à leurs ennemis qu'ils sont nombreux et formidables. Comme ils s'aventurent rarement en grand nombre en rase campagne, il est très-difficile de connaître leur puissance sous ce rapport.

Il est pourtant reconnu que dans la seule province de Constantine, dont les habitans sont généralement riches, fiers et courageux, les montagnes voisines sont peuplées d'une race d'hommes robustes, infatigables, braves, jaloux de leur liberté et de leur indépendance, et en même temps humains et civilisés. En paix, ils fournissent aux villes voisines des quantités de fruits et de produits de toute espèce ; en temps de guerre, ils pourraient lever, s'ils le voulaient, jusqu'à 40,000 combattans, ce qui fait que dans certaines circonstances ils sont très-redoutables au bey lui-même. C'est une espèce de milice démocratiquement organisée, à l'instar de nos gardes nationales, ayant toutes les qualités et les habitudes du soldat, et étant par conséquent d'une plus grande utilité pour la défense du sol.

Dans les autres provinces, les forces militaires sont plus ou moins nombreuses et formées à peu près de la même manière, et voilà pourquoi tant que nous serons en guerre avec une partie quelconque de cette contrée nouvelle pour nous, et dont nous ne pouvons exactement connaître les ressources et les moyens de défense, malgré tout ce que feront encore les gouvernans et les habiles qu'ils y envoient, nous devons toujours être de la plus grande circonspection dans nos attaques, et savoir d'avance, après avoir occupé une partie du territoire ou pris une place, ce que nous ferons ensuite ; ce qui demande en conséquence, non seulement bravoure et expérience dans l'art de la guerre chez les chefs, mais encore une connaissance approfondie et positive des localités.

Quant à leur marine, elle n'est d'aucune importance; elle se compose d'une vingtaine de vaisseaux de guerre, bricks et frégates, et d'une quantité de corsaires appartenant au commerce et à des particuliers; les matelots sont assez audacieux, mais peu soigneux, même malpropres et nullement susceptibles de sentimens généreux; ils sont inférieurs en tout aux matelots chrétiens; et comment en serait-il autrement, étant un mélange de toutes les nations, de Maures, de renégats chrétiens, etc.? Les officiers, qui sont presque tous Turcs, ont seuls un peu de tenue et de dignité.

On a cru qu'il était essentiel et même nécessaire de disposer le lecteur, par ces détails, à arriver à l'histoire et aux révolutions de ce peuple, qui, mieux que tout ce que l'on pourrait dire, lui donneront une idée exacte de ce qu'il a été, de ce qu'il est encore, de sa force, de sa tenacité à résister opiniâtrement à toute nation qui voudra s'y établir ou en faire la conquête.

HISTOIRE ET RÉVOLUTIONS.

Les Romains furent expulsés du territoire algérien par les Vandales et par d'autres barbares du nord, qui en demeurèrent les maîtres depuis l'an 427 jusqu'à l'an 558, époque où Bélisaire, célèbre général de l'empereur Justinien, fit la conquête du pays. Depuis lors, ils restèrent les sujets des empereurs grecs jusqu'en l'an 663. Alors toute la contrée fut inondée par les Arabes, qui la gardèrent jusqu'en 1051, époque où Abeil Texein, de la tribu des Zuihaghians, s'en rendit le maître, et prit les rênes du gouvernement. Cette famille resta investie du pouvoir pendant près de deux siècles, et ces conquérans furent à leur tour chassés par les marabouts, au commencement du douzième siècle. Cette race de prêtres ne garda pas long-temps sa puissance. Les Beui-merines les en dépouillèrent, et bientôt le pays fut subjugué par les shérifs de Hassen, qui divisèrent Alger et d'autres parties de la Barbarie en plusieurs petits royaumes. Mais ne pouvant s'entendre entre eux, Ferdinand V, roi d'Aragon, profita de leurs discordes, et en 1505, d'après l'avis de son premier ministre, le cardinal Ximenès, il envoya un puissant armement contre Alger, sous le commandement du comte de Navarre. Ce général se rendit promptement maître d'Oran, de Bougie et de quelques autres places.

Les Algériens, pressés vivement, invoquèrent le secours d'un prince arabe du nom de *Selemi Eutemi*, qui, bien qu'il les secondât de tout son pouvoir, ne put empêcher le noble Espagnol de rendre la ville d'Alger tributaire de la cour d'Espagne.

Cette sujétion continua jusqu'à la mort du roi Ferdinand, arrivée en 1516. Alors le fameux pirate Barberousse entreprit de les délivrer du joug de l'Espagne; mais au lieu de se borner à vaincre les ennemis des Algériens, il conquit le royaume, fit mettre à mort le prince Eutemi, et s'empara de la souveraineté. Il subjugua le royaume de Tlemecen et de Tennessen, et sut établir sa puissance sur des fondemens si solides, qu'il se rendit redoutable non seulement aux Etats voisins, mais encore aux Européens, jusqu'à l'an 1517, époque où l'empereur Charles-Quint fit les préparatifs d'une grande expédition contre lui, afin de rétablir le jeune roi de Tlemecen sur le trône dont Barberousse l'avait dépouillé. En cette circonstance, les Espagnols et les Arabes se réunirent, et opposèrent à leurs ennemis la plus vigoureuse résistance. Cette jonction leur procura de si grands succès, que l'armée de Barberousse fut totalement défaite, lui-même tué dans la mêlée, sa tête portée en triomphe sur une lance, et le royaume de Tlemecen reconquis.

La nouvelle de la défaite et de la mort de Barberousse répandit la consternation dans Alger; néanmoins le peuple résolut de choisir pour roi son frère Kariadin Barberousse. Mais ce prince craignant de ne pouvoir se soutenir contre ses nombreux ennemis et sa propre cour, s'adressa au Grand-Seigneur, et lui proposa la cession du royaume d'Alger, sous la condition qu'il en conserverait la vice-royauté, et qu'il serait appuyé par les forces turques dont il pourrait avoir besoin. Sélim Ier accepta avec empressement cette proposition. En conséquence, un corps nombreux de troupes turques fut immédiatement envoyé à Kariadin. Avec ces moyens, il se rendit redoutable, non seulement aux Maures et aux Arabes ses ennemis sur terre, mais encore aux chrétiens sur mer. Ensuite Kariadin assiégea le fort espagnol, et le prit d'assaut après une vigoureuse résistance; et se trouvant débarrassé de ses ennemis, il tourna toutes ses vues sur les améliorations à faire au port d'Alger, et y construisit un abri commode et sûr pour les vaisseaux. Trente mille esclaves chrétiens furent employés à ces grands travaux. Ensuite il répara le fort, y mit une nombreuse garnison, et fit ainsi d'Alger une ville plus forte quelle n'avait jamais été. Le Grand-Seigneur, pour récompenser Kariadin, le combla de dignités; il le fit capitan-pacha ou grand-amiral de l'empire ottoman, et nomma à sa place, pacha d'Alger, Hassan renégat sarde.

Ce dernier se livra à la piraterie avec un grand succès, et porta la dévastation jusque sur les côtes des Etats pontificaux, ce qui détermina le pape à solliciter l'empereur Charles-Quint de mettre fin aux ravages et aux insolences de ces pirates. Ce puissant monarque répondit immédiatement à cet appel, en se mettant lui-même à la tête d'un formidable armement, consistant en cent vingt vaisseaux, vingt galions, un grand train d'artillerie, trente mille soldats, et un grand nombre de volontaires de différentes nations, parmi lesquels il y avait beaucoup de chevaliers de Malte.

L'empereur ayant débarqué ses troupes, construisit un fort sur une éminence connue aujourd'hui sous le nom de *fort de l'empereur*. Il envahit et serra de près la ville, et détourna le cours des sources d'eau qui l'approvisionnaient;

moyen terrible, mais efficace, qui occasionna une grande détresse parmi les habitans. Les Algériens considéraient leur position comme tellement désespérée, que tous les membres du divan étaient sur le point de se rendre, lorsqu'un pauvre eunuque nommé *Youssouf,* qui jusqu'alors avait toujours passé pour un lunatique, eut la bonne chance de se faire écouter, et adressa le discours suivant aux membres du divan assemblés : « Messeigneurs, je suis ce pauvre Yous-
« souf, l'esclave des esclaves et le plus abject des
« musulmans, persécuté par les grands, repré-
« senté comme un fou par nos marabouts, les-
« quels ont non seulement rejeté mes avis, mais
« m'ont encore traité avec ignominie. Le cadi,
« qui est le juge de la loi, m'a souvent infligé
« de sévères et publics châtimens : et pourquoi ?
« parce que le Tout-Puissant, dont les vues sont
« au-dessus de la portée de notre intelligence,
« m'a permis de lire quelquefois dans l'avenir;
« et jusqu'à présent cet incrédule a toujours con-
« sidéré toutes mes prédictions comme indignes
« de son attention. Je suis resté silencieux vis-
« à-vis de ceux qui me méprisaient, et n'en ai
« pas moins fait part à ce pauvre peuple qui
« avait pitié de moi, et qui me secourait de
« choses qui sont en ce moment pour lui du

« plus haut intérêt ; mais dans cette conjoncture,
« Hassan étant le gouverneur suprême de notre
« ville, le danger public me force à parler. Il y
« a ici une puissante flotte d'infidèles, dont les
« vaisseaux sont remplis d'hommes armés qui
« sont tombés sur nous aussi brusquement que
« s'ils eussent été vomis par les vagues de la
« mer ; nous sommes dénués de toute espèce de
« défense, et nous n'avons d'espoir que dans une
« capitulation équitable, si toutefois on peut at-
« tendre quelque équité de la part des chré-
« tiens ; mais Dieu, qui se rit des machinations
« des hommes, a d'autres pensées, et il arrachera
« son peuple aux mains des idolâtres (1), en dé-
« pit de tous leurs saints, quel que soit leur nom-
« bre. Seigneur Hassan, et vous les ministres et
« tous les grands du royaume et tous les savans
« initiés à la connaissance de la loi, je vous sup-
« plie de prendre courage. Reposez-vous cette
« fois seulement sur Youssouf, cet être abject et
« méprisé, et soyez assurés qu'avant la fin de
« cette lune, Dieu déploiera toute sa gloire à l'en-
« tière confusion des chrétiens. Leurs vaisseaux

(1) Les mahométans appellent les catholiques romains des *idolâtres*, à cause des hommages qu'ils ren-
dent aux images des saints, aux reliques, etc.

« et leurs armées périront sous vos yeux, et notre
« cité demeurera victorieuse et libre ; leurs armes
« et leurs vaisseaux deviendront notre partage ; et
« comme déjà ils ont employé un grand nombre
« de bras à élever des forts pour notre future
« défense contre eux - mêmes, ils continueront
« ainsi jusqu'à ce qu'ils deviennent nos esclaves ;
« et croyez-moi, il sera permis à un très - petit
« nombre d'hommes de ce peuple aveugle et en-
« durci de retourner dans leurs foyers. »

Ce singulier discours fit revenir le divan sur
sa disposition à rendre la ville, et, chose extra-
ordinaire, toutes les parties de cette prédiction
se réalisèrent dans le courant du mois ! La flotte
de l'empereur ayant été détruite en grande partie
par une violente tempête, et une affreuse détresse s'étant introduite dans son armée, par suite
de pluies inopinées qui amenèrent du haut des
montagnes des torrents d'eau si effroyables, que
tout le camp des chrétiens fut submergé, ces
désastres obligèrent l'empereur à lever le siége,
ce qu'il fit avec trop de précipitation, laissant
derrière lui ses bagages et son artillerie, et re-
tournant en toute hâte vers ses vaisseaux. Les
Algériens ne se furent pas plutôt aperçus de ce
désastre, qu'ils tombèrent sur ses troupes pendant qu'elles s'embarquaient, les taillèrent en

pièces, et firent un grand nombre de prisonniers. Finalement la perte de l'empereur se monta à cent-vingt vaisseaux et galions, trois cents officiers environ, et douze mille soldats et matelots furent tués et noyés, et presque autant de faits prisonniers. Quant à ces derniers, les Algériens, par une insolente dérision, les mirent en vente publique dans tous les marchés du royaume, à un oignon par tête de chrétien. Youssouf fut grandement récompensé, et regardé comme un saint. Depuis cette époque, les Algériens se sont beaucoup adonnés à l'astrologie, et ils sont restés grands admirateurs de l'art de deviner.

Hassan étant mort quelque temps après, le pays lui donna pour successeur Hagi, officier supérieur de la milice; mais il fut obligé de céder le pouvoir à un nouvel Hassan, fils du frère de Kariadin Barberousse, nommé et délégué par la Porte ottomane. Au commencement du règne de ce prince, les Algériens n'en furent pas moins forcés par les Espagnols d'évacuer Tlemecen; mais quelque temps après les naturels reprirent, subjuguèrent et pillèrent ce royaume. Hassan fut ensuite déposé par les intrigues du ministère ottoman, qui nomma une de ses créatures vice-roi à sa place. Ce prince soumit à son despotisme et rendit ses tributaires plusieurs provinces de la Numidie; il rapporta de ses conquêtes quinze chameaux chargés de poudre d'or, et plusieurs autres dépouillles d'une grande valeur; il mourut de la peste quelque temps après, et eut pour successeur un renégat Corse, nommé *Hassan Corso,* qui fut, presque aussitôt qu'il eut occupé le trône, assassiné par un Turc nommé *Tekelli.*

Ce Tekelli, qui s'empara du pouvoir, n'exerça sa tyrannie que peu de temps; il fut assassiné par un certain Youssouf, qui lui succéda, et ne régna lui-même que six jours, la peste l'ayant enlevé pour ainsi dire au moment où il mettait le pied sur le trône. Un Turc du nom de *Chajah* exerça provisoirement le pouvoir, jusqu'à ce que la Porte eût fait connaître sa volonté par la nomination d'un chef du gouvernement. Elle nomma ce même Hassan qui avait été déposé par les intrigues des deux ministres ottomans, Russan et Salha, pachas. Chajah, en fidèle musulman, obéit aux ordres du Grand-Seigneur, et remit sans opposition les rênes du gouvernement à Hassan.

Ce prince voulut envahir le royaume de Tlemecen, mais les Espagnols mirent son armée en déroute; néanmoins, l'année suivante, la fortune lui devint plus favorable, car les Espagnols ayant tenté une forte attaque sur Mostaganem, ils éprouvèrent une horrible défaite. Le brave comte d'Econdela et son fils don Martin de Cordoue, avec beaucoup d'autres officiers et un grand nombre de soldats, restèrent sur le champ de bataille. Douze mille Espagnols, parmi lesquels se trouvaient beaucoup de nobles et d'hommes de distinction, furent faits prisonniers. Après de si notables succès, Hassan inspira de vives inquiétudes à la Porte ottomane; il fut de nouveau déposé, et envoyé à Constantinople chargé de fers.

Hassan, aga des janissaires, et Couza-Mahomet, général de toutes les forces de terre, parvinrent à se faire nommer députés pour surveiller et régler toutes les affaires du gouvernement algérien; mais bientôt un nouveau vice roi du nom d'*Achmet* arriva de Constantinople. Son premier acte fut de renvoyer les deux députés dans cette capitale, où ils eurent la tête tranchée. Achmet mourut au bout de quatre mois, et le royaume fut gouverné par un de ses lieutenans pendant environ le même temps, jusqu'à ce que la volonté de la Porte fût connue.

Alors Hassan fut rétabli pour la troisième fois dans le pachalick et la vice-royauté, tant

étaient fortes l'amitié et la confiance que lui
portait Soliman-le-Magnifique, et aussi l'estime
que toujours ce grand homme professa pour la
mémoire des deux célèbres Barberousse, le père
et l'oncle de son protégé. Hassan ne fut pas plutôt rétabli sur le trône, qu'il créa le plus formidable armement qui eût jamais existé sous aucun
de ses prédécesseurs. Ses troupes se composaient
de quinze mille Turcs, renégats, etc., mille spahis,
dix mille cavaliers, et sa flotte de trente galions
et de trois vaisseaux français chargés de provi-
sions. Avec ces forces, il voulut se rendre maître du
fort le plus important (fort le Maréchal), occupé par
les Espagnols, et les en chasser. Il avait presque
réussi, lorsqu'il aperçut sur la côte une formidable flotte sous le commandement du célèbre amiral génois Doria, qui le força à en lever le siége
avec précipitation. Mais la cour de Constantinople devenant jalouse de Hassan, il fut forcé de
renoncer à sa dignité; et s'étant retiré dans cette
capitale avec toutes ses richesses, il y mourut
trois ans après, âgé de cinquante ans, ayant
exercé huit années de suite sa vice-royauté.

Son successeur, Mahomet, fut un prince animé
d'un véritable esprit public, et devint très-popu-
laire en plusieurs occasions. Entre autres faits,
on lui doit l'incorporation des janissaires aux

Levantins, ce qui fut considéré comme le premier pas des Algériens pour secouer plus tard le joug de la Porte ottomane. Durant le règne de ce prince, un audacieux aventurier espagnol du nom de *Gascon*, fit une tentative toute romanesque sur Alger, mais il fut fait prisonnier et mis immédiatement à mort. Le Grand-Seigneur jugea néanmoins à propos de déposer Mahomet, et de nommer à sa place un renégat du nom d'*Haly-Pacha*. Ce prince subjugua Tunis, prit plusieurs galions maltais richement chargés, et fut le seul chef mahométan qui obtint quelque réputation à la fameuse bataille de Lépante : il n'en fut pas moins quelque temps après déposé par la Porte, et Anab-Achmet mis à la tête du gouvernement à sa place : en moins de trois ans, ce dernier fut rappelé et remplacé par le fameux Rumardan Sardo, qui contribua pour beaucoup à l'expulsion des Espagnols de presque toutes les parties de la Barbarie, et assista Maley-Maleck dans la conquête du royaume de Fez, réuni aujourd'hui à l'empire de Maroc; mais rappelé à Alger, il fut envoyé pacha à Tunis, et Hassan Vénédic nommé chef du royaume à sa place. Ce Hassan régna un peu plus de trois ans, et ayant été rappelé à cause de ses énormes concussions, un renégat hongrois, appelé *Jaffer*, lui succéda, et arriva à Alger à la

fin d'août 158J, au moment où cette ville éprou-
vait une affreuse famine occasionée par le mo-
nopole établi par son prédécesseur sur les principales denrées. Jaffer employa les moyens les
plus prudens, fit cesser la détresse du peuple,
et se conduisit en toute circonstance avec une
grande équité. Néanmoins, à force d'intrigues et
de corruptions, le rapace Hassan trouva moyen
de se faire assez d'amis à la cour de Constantinople pour obtenir le rappel du juste Jaffer, et se
faire replacer à la tête du gouvernement. La
première chose qu'il fit après son rétablissement,
fut de frêter une flotte considérable avec laquelle il commit de grandes déprédations sur
les côtes de Sardaigne, et pilla encore d'autres
parties de la chrétienté; mais ayant déplu de
nouveau à la Porte ottomane, il fut encore rappelé, et bientôt après empoisonné.

Momi Arnaud succéda à ce tyran, et fit ce que
jamais aucun corsaire avant lui n'eut la hardiesse
d'entreprendre, il franchit le détroit de Gibraltar. Après être entré dans l'Océan atlantique, il
cingla vers les îles Canaries, qu'il pilla, et retourna ensuite tranquillement à Alger. Une flotte
espagnole composée de dix-huit vaisseaux reçut
l'ordre de surveiller son retour; mais il saisit
l'occasion de repasser le détroit la nuit, pendant

une tempête qui avait forcé les vaisseaux espagnols à s'éloigner, et à se mettre en sûreté dans
différens ports voisins. Il fut bientôt après, par
ordre du sultan son maître, déplacé du gouvernement d'Alger pour être mis à la tête de celui
de Tunis, et un autre Achmet lui succéda. Celui-ci fit plusieurs excursions sur le territoire des
chrétiens, régna seulement trois ans, et fut mis à
la tête du gouvernement de Tripoli, parce qu'on
voulait donner sa place à Hider-Pacha, qui fut
rappelé en 1592, et remplacé par Scha-ben-Pa-
cha. Ce prince gouverna le pays pendant environ
trois ans ; et ayant reçu l'ordre de se rendre à
Constantinople, son beau - frère Mustapha fut
placé sur le trône, et supplanté quatre ans après
par Hider-Pacha, que les intrigues du ministère
ottoman replacèrent à la tête du gouvernement
d'Alger. Ce Hider-Pacha n'eut pas plutôt repris
le pouvoir, qu'il força Mustapha de lui payer
quinze cents ducats d'or, avant de faire voile
pour Constantinople, et recommença à gouverner le pays avec sa tyrannie habituelle, oppri-
mant les pauvres et pillant les riches avec une
inconcevable et audacieuse rapacité. Tous ces
méfaits furent représentés au sultan par Mustapha, à son arrivée à Constantinople, avec une
telle énergie, que le ministère ottoman, pour sa

propre conservation, crut opportun de rappeler immédiatement ce tyran, et de le remplacer encore une fois par Mustapha. Ce dernier retourna de suite à Alger, dépouilla Hider de la plus grande partie de ses richesses mal acquises, l'envoya à Constantinople, et ensuite gouverna avec tant de justice et de modération, et se comporta en toute occasion avec tant de générosité et d'humanité, qu'il se fit aimer de toutes les classes du peuple, et la nation ne fut jamais plus prospère et plus heureuse que sous son gouvernement.

Nous sommes reportés par ces fragmens de l'histoire d'Alger, puisés dans les manuscrits d'un célèbre auteur Espagnol, jusque vers la fin du seizième siècle. Depuis cette époque, nous n'avons peut-être pas de renseignemens aussi exacts à donner aux lecteurs; mais on verra par les documens suivans, qui sont authentiques, ce qu'il y a encore d'intéressant à connaître sur l'histoire de ce peuple jusqu'à nos jours, et comment il a secoué le joug de la Porte ottomane et s'est rendu indépendant.

Depuis l'expédition malencontreuse de l'empereur Charles-Quint, le royaume d'Alger, comme on vient de le voir, continua à être une province du Grand-Seigneur, gouvernée par un vice-roi à sa nomination. On a vu que les abus et les vexations émanant de ces vice-rois furent grands, qu'ils firent un ample usage du pouvoir despotique, et à la fin s'emparant des revenus publics, divertissant et dissipant les fonds destinés aux paiemens des soldats turcs, dont le nombre allait toujours en diminuant, et qui, de plus, étaient mal payés. Vers le commencement du dix-septième siècle, ce corps de soldats envoya une députation secrète à la Porte, qui fit des représentations sur la tyrannie des pachas, leur avarice et le préjudice résultant de cet état de choses, tant pour le pays que pour la Porte ottomane, et pour cette dernière, à cause du mauvais emploi que l'on faisait des fonds que cette puissance y envoyait, et qui ne servaient même pas au paiement des troupes, d'où résultait des désertions journalières. Dans son exposé, la députation appuyait surtout sur la nécessité d'un remède immédiat à cette fâcheuse position, qui pouvait faire perdre à la Porte ottomane toute sa puissance et son influence sur le pays, par la réunion contre elle des Maures et des Arabes, et en raison des querelles qu'ils avaient, et des avantages qu'ils obtenaient alors sur les chrétiens. Ces députés firent la motion de choisir un homme d'un jugement sain et d'un caractère élevé, courageux et expérimenté, de lui donner le titre de *dey,* de le rendre comptable et responsable de tous les revenus publics et des contributions levées sur les Arabes et les Maures, pour servir au paiement des troupes, qui seraient toujours tenues au grand complet; qu'il serait le surintendant de toutes les autres branches de l'administration de l'Etat, qui, de cette manière, se soutiendrait par ses propres forces et ressources, sans être à charge à la Porte ottomane, s'engageant en même temps à rester sous la continuelle sujétion du Grand-Seigneur, à le reconnaître comme souverain du royaume, à continuer de rendre à son pacha les mêmes honneurs, et à lui conserver la même paye et les mêmes prérogatives, à l'exception cependant qu'il assisterait aux assemblées générales du divan, sans pouvoir y émettre un vote et un avis, à moins qu'il n'en fût requis par la majorité de l'assemblée. Les députés déclarèrent que si ces offres étaient rejetées, la faiblesse et le mécontentement des soldats pourraient promptement faire passer la puissance et la royauté dans les mains du premier agresseur.

Cette disposition fut goûtée par le grand-visir, qui pensa qu'en même temps qu'elle épargnerait des sommes considérables à la Porte, l'armée serait tenue sur un pied plus respectable : en conséquence, il la fit approuver par le Grand-Seigneur. Toutes les dispositions furent prises, auprès du pacha, pour lui faire accepter sans opposition les propositions des députés d'Alger. Celui-ci n'ayant fait aucune opposition, l'armée procéda au choix du dey, et établit des lois pour l'observation desquelles il y avait réciprocité entre lui et ses sujets, et auxquelles il jura de se conformer, sous peine de mort. Chaque article de ce pacte fut précisé et déterminé. Le pacha avait ses maisons, des redevances et un traitement annuel pris sur les revenus publics, sous la condition de ne pouvoir jamais se mêler des délibérations relatives à l'Etat, à moins d'en être requis; mais comme tous les plans sont sujets à des abus et à des changemens, les soldats se divisèrent insensiblement en factions, relativement au choix du dey. Quelques-uns, à force ouverte ou dans leur intérêt personnel, sur le moindre grief, faisaient déposer ou étrangler le dey, et en nommaient immédiatement un autre qu'ils espéraient trouver plus favorable à leurs desseins.

Babi-Ali, premier lieutenant du pacha ou grand-prevôt, fut nommé en 1710, et trouva immédiatement le moyen d'empêcher le pacha de se mêler des affaires de l'Etat, en le faisant embarquer par force sur un vaisseau tunisien, l'envoyant à Constantinople, et le menaçant que, si jamais il revenait à Alger pour y causer du trouble, il pouvait être certain d'y trouver la mort. En même temps, cet astucieux dey envoya une ambassade à la Porte, munie de magnifiques présens pour le visir, les sultanes et les principaux officiers du sérail. Il représenta avec respect et humilité au grand-visir que la turbulence et les intrigues de cet officier étaient poussées à un tel point, que ce n'était que par respect pour le Grand-Seigneur et pour lui-même qu'il avait changé la peine de mort, qu'il n'avait que trop méritée, en un bannissement; mais que sa fidèle armée était tellement indisposée contre les pachas, que, si jamais pareille chose se renouvelait, rien ne pourrait l'empêcher de les tailler en pièces, ce qui serait à la fois un exécrable affront pour les ordres sacrés de la Porte et un encouragement à tous les mécontens de persévérer dans leur rébellion; concluant que puisqu'un pacha de la Porte auprès du dey était non seulement un officier inutile, mais encore nuisible à ses intérêts, il était plus simple de n'en plus envoyer, et de conférer seulement le titre de *pacha* au dey, ce qui fut accordé. Depuis cette époque, le dey s'est considéré comme souverain indépendant, gouvernant comme tel, et seulement comme allié de la Porte ottomane, de laquelle il ne reçoit aucun ordre, bien que, lorsqu'il s'agit d'affaires ou de négociations de haute importance, la Porte, pour prouver son droit de suzeraineté, se soit toujours réservé la faculté d'y expédier et d'y entretenir des envoyés extra-ordinaires. Dans tout ce qui concernait l'organisation du pays, ces envoyés étaient des hôtes assez mal venus du gouvernement, parce qu'ils étaient d'abord entretenus à ses dépens, renvoyés avec des présens d'une valeur considérable, et qu'ils ne manquaient jamais, par leurs manières fières et hautaines, de faire sentir aux officiers et aux soldats algériens leur dépendance de la Porte ottomane ; ce qui faisait qu'on les recevait toujours avec réserve et froideur, malgré l'appui de la Porte, sur lequel on comptait néanmoins en certaines circonstances, par exemple en cas d'attaque du pays par une nation quelconque.

Rappelons actuellement l'événement remarquable qui eut lieu de 1680 à 1775. En 1682, les Algériens firent un traité d'alliance avec l'Angleterre ; dans la même année, ils pillèrent les côtes de France ; ce qui détermina la cour de France à envoyer contre eux une flotte sous le commandement de l'amiral Duquesne, qui commença à faire subir à Alger une forte canonnade ; mais une tempête étant survenue, ses vaisseaux furent considérablement endommagés, ce qui le força de gagner le large et de revenir en France. Il ne fut pas plutôt parti que les Algériens se rallièrent, se remirent en mer, firent de nouveau voile vers la France, et commirent les plus grands ravages sur les côtes de la Provence. Cette nouvelle insulte irrita tellement Louis XIV, qu'il ordonna au marquis de Duquesne et au marquis d'Anfreville de refaire immédiatement voile pour Alger, afin de punir ces pirates de leur audace. En conséquence, l'escadre française arriva devant cette ville en 1683, et lança une quantité si effroyable de bombes, que la place entière ne fut bientôt que flammes. Le palais du dey, plusieurs mosquées et beaucoup de monumens publics, un grand nombre de maisons particulières furent détruites ; le nombre de tués et de blessés fut très-considérable, et les habitans, se trouvant dans la plus grande détresse, implorèrent la paix. On entra en négociations ; un des principaux articles, sur lesquels l'amiral insista, fut que l'on rendrait tous les chrétiens pris sous pavillon français. Cela fut accordé. On en envoya le lendemain deux cent quatre-vingts, avec promesse de rendre promptement le reste ; mais malheureusement les négociations

furent rompues, et les Algériens arborèrent de
nouveau le sanglant étendard. En conséquence,
l'amiral recommença le bombardement ; et
les Algériens, voyant de nouveau leur ville li-
vrée à la destruction, furent tellement exaspérés,
qu'ils se livrèrent aux plus horribles cruautés,
en faisant d'abord massacrer tous les prisonniers
français, et poussant leur rage jusqu'à mettre le
consul de cette nation tout vivant dans un mor-
tier, et à le lancer à ses compatriotes : mais ce
trait de férocité leur coûta cher ; car l'amiral
français à son tour, dans son trop juste ressenti-
ment, détruisit de fond en comble l'arsenal,
tous les vaisseaux dans le port, toutes les fortifi-
cations, les bâtimens qui se trouvèrent dans les
parties hautes et basses de la ville, enfin tout ce
que ses canons et ses bombes purent atteindre,
jusqu'à ce qu'il eût lancé la dernière ; et après
leur avoir causé tout le mal possible, il revint
en France.

Quelque temps après la paix fut faite entre
cette puissance et Alger. De 1686 à 1700, ils
firent, rompirent et renouvelèrent plusieurs
traités avec les Anglais, et cette nation se détermina aussi, à l'exemple de Louis XIV, à leur
infliger une forte correction pour les forcer à être
plus fidèles à leurs engagemens. En conséquence,

après la rupture d'un de ces traités, le capitaine Reach fut envoyé contre eux avec un assez fort armement; il attaqua sept de leurs frégates et les brûla les unes après les autres. Cet acte de sévérité les rendit plus traitables, et en 1700 les Anglais firent avec eux un nouveau traité qui fut tout à l'avantage de ces premiers.

Ce nouveau traité, ou plutôt trois articles ajoutés aux précédens, portait en substance qu'aucun vaisseau algérien ne pourrait stationner ou croiser en vue d'aucun port ou ville d'Angleterre, et ne troublerait jamais, et en aucune manière, la paix ou le commerce de cette nation. Il fût défendu, 1° A tous vaisseaux algériens d'entrer dans le canal d'Angleterre; 2° qu'il ne serait exigé de droit de passe d'aucun vaisseau anglais pendant trois années de suite. Il y eut encore d'autres articles ajoutés au traité, entre autres que les Anglais ne paieraient que 5 pour 100 de droit d'importation pour toutes leurs marchandises, au lieu de 10 fixés par les traités précédens; et, le plus important de tous, que tous les vaisseaux anglais dirigés sur l'Amérique ne seraient jamais soumis à aucune visite, ni sujets aux droits de passage.

Néanmoins, ces traités avec les Anglais ne

furent pas observés plus strictement que ceux
faits avec les autres puissances, jusqu'au moment
où ils devinrent les maîtres de Gibraltar et de
l'île de Minorque, ce qui rendit les Algériens
plus circonspects dans la rupture de leurs engagemens avec eux.

En 1716, les Anglais, forts de leurs positions,
renouvelèrent avec eux, ainsi qu'avec Tripoli
et Tunis, d'anciens traités avec des articles ad-
ditionnels toujours à l'avantage du commerce
britannique.

En juin 1775, les Espagnols renouvelèrent
leur attaque sur Alger avec une flotte et une
armée considérable; mais les officiers n'ayant
pu s'entendre, les Algériens remportèrent une
victoire complète, et les Espagnols furent forcés
de se retirer de toutes parts, après avoir eu huit
cents hommes tués et deux mille blessés. Là ont
fini leurs tentatives contre ce peuple.

Depuis cette époque jusqu'à notre débarque-
ment en 1830, il eût été difficile à aucune nation européenne de faire de nouveaux débar-
quemens chez eux. La première révolution
française ayant commencé en 1788, quelques années après la dernière expédition des Espagnols,
on sait la part que prit cette nation aux pre-
mières guerres de notre révolution, et qu'elle eut

quelque temps après assez à s'occuper de sa propre défense, et à sauver ce qu'elle put de ses colonies dans les Amériques. Les Français eurent d'un autre côté une guerre de vingt-cinq ans à soutenir contre toute l'Europe, et ne purent non plus s'occuper d'Alger. Les Turcs y avaient entièrement renoncé, à cause de leurs antécédens avec ce peuple, qui leur avaient prouvé pendant un assez long laps de temps qu'on ne pouvait ni le diriger ni le gouverner, soit à force d'argent, soit avec de bons ou de mauvais procédés.

Quant aux autres nations européennes, elles ne sont ni assez puissantes ni assez riches, à l'exception cependant de l'Angleterre (1), pour en tenter la conquête.

Ce rôle était donc réservé à la France après

(1) Mais on a vu que cette dernière puissance a trouvé le moyen de faire avec eux des traités de commerce tous à son avantage ; ces traités subsistent encore ; et la sagesse de ce gouvernement les considère comme plus importans qu'une tentative de conquête ou de colonisation, qui non seulement ne présenterait pas de certitude de réussite, mais occasionerait des dépenses énormes qu'il craindrait de ne pas recouvrer.

quatorze ans de paix, qui avaient, il faut en convenir, porté cette puissance au plus haut degré de fortune et de prospérité, On a vu ce que nous y avons fait, ce que nous y faisons encore. Mon intention n'est pas de préjuger les évènemens et de dire ce qui arrivera ; cela dépendra de la volonté, de la capacité et des moyens que déploieront nos gouvernans pour arriver à la soumission et à l'exécution des traités qu'ils feront avec les différens chefs de ce peuple, divisé, pour ainsi dire, en tribus et en peuplades indépendantes, ce qui rendra toujours, quoi que l'on fasse, difficile et précaire l'exécution de tout traité conclu avec eux.

Ma tâche est à peu près remplie ; j'ai fait, je pense, quoique rapidement, assez bien connaître par cette esquisse les mœurs et les habitudes de ce peuple par le précis de son histoire, ce qu'il a été, ce qu'il est encore et ce qu'il sera toujours. Je laisse actuellement à la sagacité et au jugement du lecteur à en tirer l'horoscope ; mais ne nous dissimulons pas que son avenir et son rapprochement de nos mœurs et de notre civilisation (mot sur lequel nous ne sommes pas tout-à-fait d'accord avec lui) dépendra beaucoup de l'adresse et des mesures prises par nos hommes d'Etat et nos habiles, et surtout du choix de ceux qu'ils enverront pour administrer les parties du pays que nous soumettrons, et y faire exécuter et observer avec bonne foi tous les traités et conventions que l'on fera avec les indigènes; surtout qu'ils ne voient pas d'hésitation de notre part à soutenir notre conquête; il faut qu'ils nous craignent, et que le dernier soldat de la plus chétive tribu sache que nous sommes le peuple le plus brave, le plus puissant et le plus entreprenant de l'Europe, et aussi le plus riche et le plus civilisé, et conséquemment le plus en état de réunir promptement d'immenses moyens en hommes, en argent, en vaisseaux et en artillerie pour les combattre, et que nous pouvons, avec l'élan d'une ferme et inébranlable volonté nationale, lever chaque année, et cela pendant vingt ans de suite s'il le faut, 100 millions de subsides et 30,000 hommes armés, jusqu'à ce que notre conquête soit assurée, et que nous soyons entièrement les maîtres chez eux; qu'ils sachent enfin qu'une nation composée de 32 millions d'âmes, en harmonie et en paix avec ses voisins, qui est assez riche et assez puissante pour payer 1,200,000,000 annuels d'impôts, sans être écrasée par ce fardeau, pourrait, si elle voulait en prendre la ferme résolution, non seulement soumettre en entier le royaume d'Al-

ger, qui forme à peine le quart des Etats barbaresques, mais résister encore à Tunis et à Maroc
même, si, abandonnant leur saine politique,
qui est de rester en paix, ils venaient à se dé-
clarer contre nous.

Mais, disons-le hardiment, pour arriver à ce
but de colonisation et de conquête, qui serait si
utile et si avantageux pour la France, et qui la
dédommagerait au moins de la perte immense
qu'elle a faite de ses colonies dans le Nouveau-
Monde, par les fautes de notre première révolution, il faudrait se résigner à beaucoup d'ordre
et d'économie dans les dépenses de toute nature,
et surtout ne pas demander, avec un budget
déjà si lourd, de nouveaux subsides à la nation.

N'hésitons donc pas à supprimer toute espèce de
sinécure, à réduire les trop forts appointemens
dans les différentes branches de l'administration;
occupons-nous enfin de diminuer sérieusement
les charges de l'Etat, afin de pouvoir semer pour
recueillir, sans que les semailles d'hommes et
d'argent deviennent trop onéreuses et trop fati-
gantes pour la France.

Et ne perdons jamais de vue, pour nous en-
gager avec prudence et circonspection dans cette
lutte, que nous avons entrepris de soumettre un
peuple d'Africains et de mahométans, que sa

nature, ses antécédens et son histoire ont prouvé jusqu'ici être indomptable, et que ces masses de Maures et d'Arabes toujours en armes et dévoués à la défense de leur pays, quoique restés pour ainsi dire semi-barbares, à raison de leurs mœurs austères, ont cependant encore assez de nationalité pour être fiers de leur origine et de leurs anciennes traditions, ce qui les rendra toujours, par l'ascendant de leur religion, les ennemis implacables de toute nation qui entreprendra de les subjuguer ou de s'établir chez eux, surtout si cette nation ne professe pas le même culte. C'est ce qui explique la résistance vigoureuse et opiniâtre qu'ils ont opposée aux Espagnols, tandis que les Ottomans, leurs coreligionnaires, les ont du moins tenus sous leur dépendance pendant plus de deux siècles. Sous ce rapport donc, le projet de la restauration de les faire rentrer sous la domination de cette puissance, n'avait pas été mal conçu, si tel était réellement son plan, comme l'affirme M. Desjobert dans une brochure qu'il vient de publier.

FIN.